**Inarú**
Presenta

# ¡Tú Eres Poeta!

## Taller de Poesía 2008

Facilitado por
**Maitreyi Villamán Matos**

LA MAGA PRESS

Editora , Mercedes A. Villamán
Diseño/Diagramación: Alain Hervé
www.pao-tao.com


Publicado en New York, 2010 por La Maga Press

lamagapress@gmail.com
212-234-14 41
inaru1980@gmail.com

Facebook: ¡Tú Eres Poeta!

# Prefacio a la segunda edición

*¡Tú Eres Poeta!*© es un taller de poesía presentado por el Centro Creativo Experimental INARÚ y facilitado por la poeta Maitreyi Villamán Matos desde el año 2000

La Maga Press se complace en publicar esta segunda edición del taller *¡Tú Eres Poeta!* presentado en unión al Centro Cívico Cultural Dominicano en Nueva York, que además publicó la primera edición, teniendo como invitados a los poetas Milagros Cedeño y Lic. Miguel Espaillat. El taller se presentó en tres sesiones: Nombre, Poesía y Amistad; Por un Mundo Mejor: No A La Violencia Domestica; Mano a Mano: Milagros Cedeño y Miguel Espaillat. *¡Tú Eres Poeta!* se celebró el 16 de septiembre, 29 de octubre y el 1 de Diciembre de 2008.

El formato del taller:

a) expone a los asistentes a la poesía de poetas clásicos de la literatura universal, y a interactuar con escritores reconocidos invitados para compartir su trabajo mano a mano con los neófitos participantes;

b) provee tiempo dentro de cada sesión para escribir poemas alrededor de un tema;

c) provee tiempo dentro de cada sesión para la lectura de los poemas producidos;

d) autoriza a la creatividad colectiva publicando el producto del taller.

Los poemas contenidos en *¡Tú Eres Poeta!* representan la frescura espontanea de la creatividad de los participantes, a quienes se unieron Maitreyi, Milagros y Miguel para dar a luz nuevos poemas que aquí se exponen junto a trabajos creados por ellos previamente.

En esta edición hemos adaptado la introducción publicada en la primera edición para conservar el sentimiento poético del evento original.

# ¡Tú Eres Poeta!
## Taller de poesía

Milagros Cedeño • Miguel Espaillat

Marilú Galván • Ismelda Fernández

Dante Reyes • Mary Ely Gratereaux

Zaida Ortega • Alba Brea

Ediberto Saldaña • Manuel Acevedo

Bernarda Dávila • Mario Miguel Saviñón

Maitreyi Villamán Matos

# INDICE

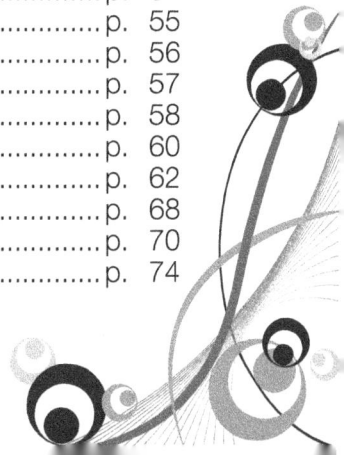

# ¡Tú Eres Poeta!
### Taller de poesía

## Introducción

Desde el año 2000 el Centro Creativo Experimental Inarú ha perseverado en invitar a la comunidad a compartir en los talleres de poesía, con la aspiración de ofrecer un espacio igualitario que permita el fluir espontaneo de la creatividad de todos los participantes, sin prejuicios ni trabas de abolengo. El taller de poesía *¡Tú Eres Poeta!* ha logrado elevar la meta de nuestras aspiraciones de autorizar por igual a todo miembro de nuestra comunidad que nos honre con su presencia. Esta autorización educacional, económica, política, cívica, y profesional también incluye autoridad cultural.

La preservación y el fomento de la cultura exigen que individuo y comunidad se relacionen íntimamente con el quehacer cultural y sus productos, como son las artes plásticas, el teatro, el baile, la música y la literatura. En el caso de las artes, al igual que en los deportes, por ejemplo el beisbol, para su preservación es necesario fomentarlo. Pero para lograrlo no basta con estimular el aumento estadístico de espectadores, también es importante estimular por todos los medios a que niños y adultos jueguen beisbol, no importa cómo ni dónde. Los mejores beisbolistas han nacido jugando en la calle, bateando con una tabla una pelota de trapo. De esta práctica, libre e inocente, se alimenta una mente ávida por todo lo referente a esa actividad, convirtiendo al practicante en un asiduo consumidor de todo lo relacionado con ese quehacer: fotos, libros, artes graficas, actividades, y piezas de colección. En esa trayectoria el participante tal vez llegue a convertirse en jugador estrella, en entrenador o por lo menos en una persona que sabe disfrutar de ese deporte en la medida de su capacidad. Cuando permitimos y apoyamos la participación deportiva a todos los niveles, aseguramos el futuro del deporte a nivel más elevado, las grandes ligas.

*¡Tú Eres Poeta!* ha puesto en práctica este principio igualitario que se aplica en los deportes. Aquí todos tenemos derecho a nuestro turno al bate, no importa si somos jonroneros reconocidos o si

es nuestro primer encuentro con la bola poética, ya que la poesía va más allá de nueve entradas y las bases siempre están llenas. La poesía se fomenta con el quehacer individual y colectivo de la poesía misma. El amor por los libros crece con la lectura; el gusto por la palabra escrita se reafirma escribiendo. Al que le gusta escribir le gusta la literatura porque se siente parte de ella.

La poesía no es una actividad de espectadores. No lo fue desde un principio, cuando los juglares iban de plaza en plaza cantando y recitando sus creaciones junto con poemas y canciones que recogían de la gente con quienes compartían. De esos juglares, buenos y regulares, se fue nutriendo la poesía hasta nuestros días. New York es una ciudad famosa por sus "open mic poetry slams", jornadas de micrófono abierto a la poesía, en donde el espacio se abre, para que todo el que lo desee declare su voz poética, ya sea improvisando o leyendo algo previamente escrito. De ahí nace y pervive la poesía. Allí nace el escritor y el lector. El actor y espectador.

Este libro, intenta honrar el quehacer poético desde la base, el punto de partida donde todos somos autores y poetas. Ese resquicio del alma donde nuestro amor por la poesía nace de nuestro ser poético. A partir del cual nuestro ser poético deja de ser un consumidor, espectador pasivo, indiferente de los productos de la poesía, y se convierte en militante activo, patrón de poetas, contribuyente de bellas palabras, sensible a la belleza que les brindan otros compañeros artistas.

Para que nuestra palabra recupere su poder, es imperativo apreciar la voz de cada miembro de nuestro consciente colectivo. En el silencio del que está sometido a escuchar pasivamente la voz de la autoridad  se esconde una mordaza invisible que enmudece el alma y trunca la acción. *¡Tú Eres Poeta!*© ha lanzado esa mordaza al aire.

Enhorabuena a todos los poetas que con orgullo publicamos en este libro. Que esta semilla poética germine y crezca en árbol de abundante fruto y amplia fronda.

Mercedes A. Villamán,
Editora

## Nombre, Amistad y Poesía
16 de septiembre 2008
Facilitadora: Maitreyi Villamán Matos

Para invitar el ambiente poético, iniciamos el taller con la lectura de los poemas *Muralla Acuática, La BX15 se bambolea, Bosteo;* y *Arresto estilo Bronx* de mi segundo libro *BX15 A Poetic Journey.*

Como primer ejercicio, definimos nuestro nombre usando el recurso poético del símil o comparación. Explicamos que para el símil se necesitan dos cosas para establecer que una se parece o no a la otra, estableciendo la relación entre los dos objetos usando la palabra "como" de puente que los une.

¿Qué significa para ti tu nombre? Como parte de este ejercicio añadir un ave que pueda describir el nombre. Escoger una cualidad y compararla con el nombre, y por último con un plato de comida cocinada, caliente. Escogemos la comida a propósito para llevar la poesía a la cotidianidad y demostrar que puede encontrarse en las pequeñas cosas.

El segundo ejercicio consiste en escribir sobre un amigo predilecto, no tiene que ser humano. Combinando el recurso de la descripción, expresar una emoción y evocar un recuerdo placentero y positivo.

¿Qué es poesía? En el tercer ejercicio de esta sesión del taller, aplicamos las palabras poema, poesía, estrofa, verso, como un recurso para crear conciencia de la forma, por lo tanto una manera de asumir la tradición que descansa en el mero hecho de escribir.

¿Qué es poesía? ¿Qué es un poema? Son las eternas pregunta que nos hacemos los poetas. Todos tenemos nuestra propia definición.

**Maitreyi Villamán Matos** sostiene su labor artística como poeta, dramaturga, coreógrafa, directora y productora. Oriunda de la República Dominicana, recibió su M. A. de la Universidad del Estado de Nueva York. Entre sus galardones se cuenta una Rockefeller Fellowship del Instituto de Estudios Dominicanos en CUNNY.

En 1980 Maitreyi fundó la corporación sin fines lucrativos Centro Creativo Experimental Inarú, incorporada también en New York y en República Dominicana. A través de Inarú, Maitreyi fomenta la creatividad colectiva como productora y directora teatral, y organizando eventos y talleres de dramaturgia, y de poesía.

Además de los Talleres *¡Tú Eres Poeta!©*, Inarú patrocina las jornadas *Poesía y Amistad ©* donde poetas dominicanos se unen mano a mano con poetas de Cuba, Colombia, España y otros países.

Maitreyi Villamán Matos ha publicado su poesía en tres libros: *Caso Abierto; BX15 A Poetic Journey,* y *El Silencio de los Inocentes*.

Poesía y poema es lo mismo.

Verso es una inspiración del alma.

*Ismelda Fernández*

# Ante la Muerte

Si pudiera
Cuando llores
Sería un rayo de luz
Anunciando un nuevo día.

Si pudiera
Cuando la muerte
Avisa tu sombra
Traería campanas de alegría.

Si pudiera
Una gran manta de ternura
Envolvería tus pasos
Protegiéndote del frio de la vida

Si pudiera
Riquezas y comodidades
Te alfombrarían.

Soy lo que soy

Sin cobardía
Tu amiga sin condiciones
Y de por vida.

Maitreyi Villamán Matos
BX15 A Poetic Journey

Yo Chiqui
Llegué hace poco
Pero he caminado mucho
Quiero seguir andando.

Vuelo de sarnícaro
Sin presa.
Sancocho de guandules
Con batata,
Camino carretero
Unfinished.

Manuel Acevedo

## Marilú

Luz que alumbra mis caminos
Mar que deja un horizonte lejano al descubierto
Alegría para el mundo.
Marilú es como un ave carpintero
Rojo, amarillo, verde
Azul profundo, brillante.
Alegre, cantarina, inquieta
Fría como la ensalada verde, amarilla, roja.
Caliente como arroz con semillas y pasas.

Marilú Galván

Yo Ismelda Fernández
Para mí es un nombre precioso
Delicado
Mi nombre es un gallo de pelea
Me gusta la sopa porque me gusta.

Ismelda Fernández

Me encanta mi nombre
Y cuando lo oigo bien pronunciado
Mucho más.

Mi nombre, Miguel
Tiene poesía
Pronunciado por ella, tiene melao.

Los creyentes lo asocian con ángeles.

Mi nombre es como un ave
Tiene alas
Vuela de labios en labios
De mente en mente
De ti a mí
Vuela por todo el mundo.

Mi nombre es como todos los pájaros
Vuela, batido por las alas de tus labios
Mi nombre es plural, versátil.
Con el tiempo puede ser sustancia
Tal vez un suculento plato de comida
Puede ser un quimbombó
Un arroz con guandules.

Mi nombre, sonoro, bello, fuerte
Puede ser material o inmaterial
A veces sustancia intranscendente
Que se vuelve trascendente en alas del amor.

Miguel Espaillat

*Generoso*
*Tiene profunda fe, temor*
*A su Creador*
*Los múltiples fracasos*
*No lo detienen*
*Sigue incansable*
*Dándose a los demás.*

*Manuel Acevedo*

Tengo una amiga predilecta
Es muy compasiva
Su cualidad mayor
Es la lealtad.
Ella me lo demostró
Cuando su hijo me sustrajo
Un dinero
A pesar de ser su hijo
Ella me lo confesó.

Milagros Cedeño

Mi amigo favorito no es efímero
Es un ser amable, amistoso, confiable
Con el cual comparto mis inquietudes.
Tiene cualidades de bondad, amor
Comparte sin egoísmo, despierta en mí
Una profunda compenetración.

Su dedicación a la bondad
No a la maldad es inspiradora
Despierta en mí la fe de que
Mis secretos no serán divulgados.

Marilú Galván

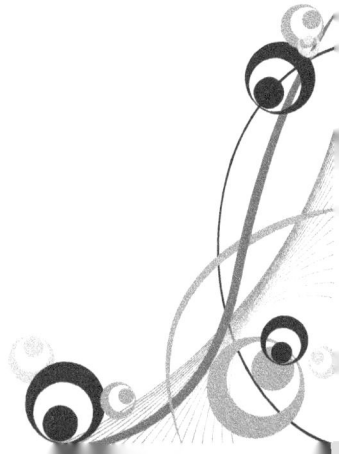

Tengo un perro de amigo, fiel
Inteligente, leal, cariñoso, bondadoso,
Amante a sus amos.
Cuando me coge el sueño, siempre
Me despierta en la mañana.

*Ismelda Fernández*

## Arresto Estilo Bronx

Aquí te arrodillan
Manos a la espalda/esposadas
Tu cabeza golpea la pared
A ritmo acompasado
A patadas en las piernas
Para asegurar 1a posición.

Aquí te arrodillan en
La esquina más temprana
Populosa la intersección de la calle 149
Arropado en desaciertos
Hambriento y sin ideas.

Te arrodillan
Para apresarte
Después de arrodillarte desde la cuna
Por partida doble
Arrodillar a1 arrodillado
Apresar al ya maldito.

Aquí te arrodillan
Bronx carcelero gratuito
Cumpliendo condena
Los presitos inocentes.

Maitreyi Villamán Matos
BX15 A Poetic Journey

Poesía
Poema
Verso, una línea
Estrofa, grupo de versos.
La poesía crea en mí una inquietud
Ya que un poema y una poesía
Para mí es lo mismo.
El poema es más corto
Creando una idea eterna.
Poema es conjunto de versos
De una expresión musical.
Poesía es un grupo de estrofas
Que riman y son musicales.

Marilú Galván

Poema, poesía, verso, estrofa.
De verso en verso para llegar al poema
A través de la estrofa
Para que haya poesía.

Es como llegar a ti
Hurgar en ti y en tu vientre
Para tener hijos bellos.

Tú, yo y ellos
Verso, estrofa y poema
Para hacer de la vida
Una poesía.

*Miguel Espaillat*

26

## *Por un Mundo Mejor. No a la Violencia Doméstica.*
29 de octubre 2008
Facilitadora: Maitreyi Villamán Matos
Invitada: Milagros Cedeño

Coloquio sobre violencia doméstica, integrando a los asistentes en la práctica de escribir poemas relacionados con el tema.

**Milagros Cedeño** es oriunda de Santo Domingo, República Dominicana, reside en los Estados Unidos desde 1986.

Poeta y activista comunitaria, cursó sus estudios de Psicología en Mercy College. Cedeño pertenece a la membrecía de la Asociación de Mujeres Progresistas de New York. Su misión en pro de los derechos de la mujer la destacan como exponente de la prevención de la violencia doméstica en sus escritos.

## La Correa

La correa tiene un sonido único
Saliendo de las trabillas del pantalón.
La hebilla campana
Tintinea en la obscuridad
Alertando cada músculo del Alma
Adrenalinando cada círculo del Espíritu
Preparada la piel cuando el cuero castigue la obscuridad
Bajo el mosquitero
Entre las sabanas se esconde
Refugio inútil
La correa tiene hambre (correa hambrienta)
La correa trae una furia implacable
La correa se alimenta de esa furia insaciable
Necesitando piel de niña soñolienta
Cuero de espinas y penas
Piel castigada por susurrar
A su hermana mayor sus alegrías
Cuero derramando silencio
Queriendo callar las hermanas
Detener esas risitas infantiles
(Fragmento)

Maitreyi Villamán Matos
BX15 A Poetic Journey

*Yo estoy identificada*
*Con lo que se ha hablado*
*Acerca de la violencia doméstica*
*Pues yo viví la situación cuando era niña.*
*No conmigo, pero con mi madre y mis hermanos.*
*Eran castigados en una cama sin ropa*
*Y nuestro padre les pegaba con un palo de escoba*
*Hasta que mi madre gritaba y los separaba de él.*
*Nunca lo odié y lloré su muerte*
*Siempre lo quise.*

*Alba Brea*

Lo que sea, pero no el dolor.
Escribir al viento con ternura
De la soledad de la victima
Y su quejido.
Escribo del perdón buscando un olvido,
Los niños con la risa de sus pasos.
Escribo.

Maitreyi Villamán Matos

*Solo era una niña que sufría los traumas de su madre*
*Angustiada, despechada y sin haberse realizado en la vida.*
*La madre de esta niña había perdido el control de su cólera,*
*Porque había sufrido al morir su esposo, quedándose viuda*
*Para hacer frente a la vida.*
*Un deseo de descargar sobre su pobrecita hija,*
*Ante un pequeño desliz de la niña; la abofeteaba,*
*En otras circunstancias la castigaba en el baño,*
*Desnuda, hasta que brotara sangre en su cuerpecito.*
*Este maltrato constante es un espejo que la niña ha adquirido*
*Y que ahora a esta niña debemos ayudar.*

*Dante Reyes*

Hoy recordé con el poema de la correa
La pela que me daban por traviesa.
Y con respecto al querer es un sentimiento del corazón
Porque querer es lo más lindo que puede tener un ser humano.

*Ismelda Fernández*

La paz y el impulso
En pensamientos quedan
La acción se cuaja en el pasado
La mano dirige el arma en ambas direcciones
Buscando dentro y fuera al culpable.

*Anónimo*

No la amaba tanto
Pero sí me besaba
Y me demostraba
Que yo era su amor sacrosanto.
Vamos, dime
Porque yo te amaba
Si todos los días
Yo te decía
Que eras tú mi vida
Mi dulce amor, mi sueño
Mi pasión, mi fin,
Mi vida y mi muerte.
Al fin lo entenderás.
Era solo una esclava
Y tú mi tortura, mi abusador
Mi manipulador, mi engañador,
Mi triturador.
Sólo palabras vacías
No me amabas tanto.

Mary Ely Gratereaux

La violencia que vivimos hoy en día me da miedo
Al oír tan bellas poesías sangrientas me hacen recordar
Noticias que he oído sobre la violencia.
Quisiera que viviéramos
En armonía y paz.
Recuerdo mi fría niñez
Mis padres
No tenían conocimiento
De lo que hacían.

Paz
Amor
Odio
Justificación
Guerra
Pasión
Desamor
Comprensión
Vivir
Aire
Volar.

Zaida Ortega

Eran unos tiempos muy duros,
Aquellos en que mi madre
Por cualquier razón me pegaba.
Aún recuerdo cuán violenta era
Me hincaba en un guayo en el sol.
Qué manera de violencia, cruel, villana.
Llegué a pensar que la odiaba; pero no, no era así.
Al paso del tiempo me di cuenta
Era la manera que ella tenía
La única que sabía para disciplinar,
La única que ella aprendió
Como no sabía otra, esa era la que utilizaba.
Sólo era una pobre mujer
No sabía otra forma de demostrar su amor.

Milagros Cedeño

## Porque No La Amaba

Ella era muy buena
Pero él no la amaba
El no la quería
Tan solo lujuria sentía
Y ella si lo amaba
Lo amaba con calma
¡Y con toda el alma!

Ella era muy buena
Era toda un ángel
Y cuánto sufría.
Cuando por las noches
Presa de espera
Pasaban las horas
Y él no aparecía
Él no la quería.

A ella le dolía cómo la trataba
Por cualquier motivo
Él se violentaba.
Siempre le pegaba
Porque no la amaba.

Por más que quería
No lo comprendía,
¿Cuál era su falta?
Si él se lo exigía

Ella se callaba.
Palabra no hablaba
Para que él la amara
Pero no la amaba.

Ella era muy buena
De buena era mala
Cuando se angustiaba
Porque por las noches
El no la tocaba
Y no le exigía
Porque lo quería

Y ella meditaba
Pocas de las veces
Que él estaba en calma
Y no la insultaba.
Ella meditaba
Que si se iba
Que si se quedaba
Pero ella lo amaba

Ella era muy buena
Y aunque él perdón
Nunca le pedía
Ella perdonaba
¡Porque lo quería!

Si él no la quería
¿Por qué la celaba?
¿Por qué imaginaba que con otro andaba?
¿Es que estaba loco?
¿O quizás amaba amarla?
Oh, no
Nada de eso
Eso no era cierto
¿Cómo iba a quererla?
Si lo que él quería
Era verla muerta

Y una noche vino
Lleno de reclamos
Y apretó su cuello
Y con su arrebato
Fue apretando tanto
Que se dio cuenta
Que en sus crueles manos
Se estaba quedando
El último suspiro de aquella mujer
Que lo amaba tanto
¡Y tembló de espanto!

Cómo era posible
Haber deshojado
La rosa más bella
¡Si la amaba tanto!
Si era dulce y buena,
Y ahora estaba muerta
Y él la había matado.

Ella era muy buena
Pero ya no estaba
Y ahora finalmente
Ahora la amaba.
Ella se había ido
No estaba a su lado
¡Ella estaba muerta!
¡Él la había matado!

Milagros Cedeño

## Mano a Mano
1 de diciembre 2008
Facilitadora: Maitreyi Villamán Matos

Milagros y Miguel nos deleitaron leyendo sus poemas. Los demás participantes tuvieron la oportunidad de ejercitarse en el arte de escribir poemas.

**Miguel Espaillat Grullón** nació en la República Dominicana. Abogado e ingeniero agrónomo, paralelamente a sus quehaceres profesionales, se ha dedicado a la literatura social descollando en la novela, poesía y ensayo. Estas son las herramientas gnoseológicas, que Miguel ha elegido como peldaños de la escalera ascendente apropiada para la realización de su vida social, material y espiritual. Actualmente vive en la cuidad de New York, llevando a cabo una intensa labor literaria al servicio de la comunidad latinoamericana.

## Mamá

Mamá,
Hoy me desperté llorando
Porque te soñé perdida.
Entonces comencé a buscarte
Sollozando y confundida.

Hoy me desperté llorando
Y te busqué desesperada
Caminando como loca,
Abriendo puertas y puertas,
Impotente y temerosa.

Mama, te soñé perdida,
Y con alma destrozada
Salí corriendo a buscarte
Y me enfrenté al dolor
De no poder encontrarte.

Tuve la ilusión de verte
Por esas calles desiertas,
Y en ellas sólo encontré
Más preguntas que respuestas.

En mi desesperación
Creí haberte encontrado
Y vi tus brazos abiertos
Esperándome a tu lado.

Pero cuando me acerqué
Despacito y en silencio
Tan solo abracé las hojas

Esparcidas en el viento.
Entonces te llamé a gritos,
Mamá, ¿dónde te escondes?
¿No ves que te estoy buscando?
Y tú ¿por qué no respondes?

Mamá te soñé perdida,
Contemplando el cielo,
Le pregunté a las estrellas
Díganme si es que la han visto,
Merodeando en esos predios.

Ya cansada de buscarte
Sintiéndome desvalida
Me senté a pensar en ti
Y al no poder encontrarte
Entonces fue que entendí,
Que no había sido un sueño
Era que te habías marchado
Dejándome sin consuelo.

A partir de ese momento
Ya paré de buscarte
Y me dediqué a esperar
Que Dios nos vuelva a juntar
Para unidas en el cielo
Volvernos de nuevo a amar.

Mamá, te quiero.
Tu hija,

Milagros Cedeño

## Princesita Inexistente

Princesita inexistente
Que Dios no me ha regalado
La cual busco aquí en mi mente
Para traerla a mi lado.

Princesita no viniste
Aunque me quedé a esperarte
Mira cómo están mis ojos
Desangrados de llorarte.

Te imagino diminuta
Con tu cuerpecito blando
Amándote como nunca,
Pero vuelvo a despertar
Y comprendo tristemente
Que solo estás en mi mente.

Mi adorada, mi tesoro
Qué te quedaste esperando
Entre mi amor y mi antojo.

Me llegó el desespero
Por no poder concebirte
La frustración rasgando
Mis entrañas calando

Lentamente la penumbra
Rebuscando
Mi adormecido vientre.

Estoy aquí
Sumergida en el fracaso
Reprochándole a un ayer
Que no te trajo a mis brazos.

Te me quedaste pasmada
Como avecilla inocente
Te convertiste en pasado
Sin haber sido presente.
Princesita inexistente.

Milagros Cedeño

# ¡Con Toda Mi alma!

¿Que si lo quería?
¡Cómo lo adoraba!
Pero él fue borrando con su enojo
La tibieza de mi cara,
Y el destello de mis ojos.

Desde que lo conocí,
De su amor quedé prendada
Su voz, sus caricias y sus besos
Que luego fueron puñales,
Atravesando mi cuerpo.

Era tan grande
Fue tan inmenso ese amor
Que hasta el cielo lo envidiaba,
Y las estrellas cuajadas
De pasión se estremecían
Por ese enfermizo amor que de mi ser emergía.

No sé cuándo él cambió,
O si fue que me di cuenta del error que cometía
Amar con tanta vehemencia a quien no lo merecía.

¿Que si lo quería? ¡Cómo lo adoraba!
Pero ese estúpido inconsciente
Fue acabando con mi amor
De una manera indolente.
Lo quise, sí, y ¡cuánto!

El mundo entero lo sabía,
Y solo por ese amor podía
Soportar toda la ofensa
Que de su boca salía.
Soportar su humillación
Además de sus mentiras,
Fue sumergiendo mi alma
En un profundo rencor,
Y llenándola de ira

¿Que si lo quería? ¡Cuánto lo adoraba!
Y mientras más me engañaba,
Mucho más lo perdonaba
Y mientras más me ofendía
Más amor por él sentía.
¿Que si me quería?
¿Que si me adoraba?
Pasarán mil años
Pasarán mil años
Y jamás olvidaría
Su maldita hipocresía.
Pero todo es hasta un día
Y aún conservo en mi memoria
Aquella madrugada fría
Cuando volvió de regreso,
Oliendo a licor y sexo
Y sentí miles punzadas
Que me oprimieron el pecho.

Pero aquella madrugada
La suerte ya estaba echada
Y a pesar de aquel amor que por él había sentido
Se hizo mi rabia un quejido, y le saqué el corazón
Y me lo metí en la boca y lo devoré con saña,
Con ardor, como una loca.

¿Que si lo quería?
¡Señores, con toda mi alma!
Y por esa misma alma
Llena de dolor por su cobardía
Si vuelve de nuevo y nace
Otra vez lo mataría.

Milagros Cedeño

## Atrapada En Tus Mentiras

Aquí estoy, como una loba herida
Sin poder huir, sin tener salidas
Sumergida en el infierno
Atrapada en tus mentiras.

Si al menos pudiera irme,
Lejos de ti y no verte,
Quedarían esparcidas
Tus mentiras en mi mente,
Y ya no me dolerían,
Porque te iría arrancando
De mi vida lentamente.

Perversidad del destino,
Colocarte en mi camino
Para que despedazaras,
Con mentiras mi cariño.

Como una masa de carne
Que no tiene voluntad,
Me arrojé a los brazos hirientes
De tu engaño y tu maldad.

Este deseo de escapar
Que me asalta todo el tiempo,
Y esta angustia que no pasa
Y me conduce al tormento,
Provocándome llorar
Manteniendo rendida

Sin poder lograr huir
De tus malditas mentiras.

Sigue en tu desenfreno
Viviendo la vida loca,
Y ojalá que Dios no quiera
Que te abandone la suerte,
Y termines en la fosa.

Quiero salir de tu vida,
Y dignamente lo haré,
No quiero ser más la sufrida
Y seguir amordazada,
Atrapada en tus mentiras.

Milagros Cedeño

## Quiero Que Sepas, Mamá
*En el primer aniversario de tu triste partida.*

Antes que se diluya tu recuerdo
En mi memoria
Antes que mi caminar sea lento
Y mis canas no me dejen ya pensar
Quiero que sepas, mamá
Que al marcharte me dejaste
Dentro de un abismo inmenso
Sumergida en soledad.

Antes que la luz de mis ojos deje
De tener destellos
Antes que mi voz se apague
Y mi corazón ya no vuelva a palpitar,
Quiero que sepas, mamá
Que nunca hubo una mirada
Que no estuviera impregnada
De una ternura sin par.

Antes que pasen los años
Y ya no te vuelva a soñar
Antes que ya no sepa
Ni tu nombre pronunciar
Quiero que sepas, mamá
Que fuiste mi buen ejemplo
Y mi inspiración de amar.

*Antes de que llegue la inconsciencia*
*Y ya no vuelva a despertar*
*Quiero que sepas, mamá*
*Que quiero encontrarme contigo*
*De nuevo en la eternidad.*

*Milagros Cedeño*

## Mis Temores

Desde que nací, me persigue la muerte
Y cuando crecía me acompañaba l
os temores de tantas generaciones.

Hoy, que continúo creciendo
Se han disipado tantos fantasmas del pasado
Y me he desprendido de ellos a medida que camino
Sin embargo me acompaña uno del cual jamás
Podré desprenderme, mi realidad de la muerte.

Ediberto Saldaña

Respeto el silencio creativo
El visitar esta página en blanco
Trazando dibujos de emociones
Me abro a la blancura del instante
Donde navega la página bajo la presión del lápiz
Cuando respeto el silencio creativo.

Maitreyi Villamán Matos

Esta noche ha renacido dentro de mi ser
Una profunda paz que no sentía
Desde hacía muchos años,
Compartir con ustedes esta noche
Ha sido una grata y perfecta noche.

*Mario Miguel Saviñón*

El querer es lo más bello
Que pueda existir en el mundo,
Cuando hay cariño, respeto
Y comprensión entre dos personas que se quieren.

Ismelda Fernández

*Esta noche vi la luna, estaba hermosísima*
*Hubiera querido tener alas para irme tras ella.*
*Esta noche quiero agarrar una estrella*
*y regalarla a mi amor, para irnos con ella.*
*Para encontrarme con el Señor y pedirle que nos bendiga*
*Para que los dos felices podamos ser mensajeros del amor,*
*Esta noche quiero ser una hermosa perfumada flor.*

*Bernarda Dávila*

## De Amor, Vida y Muerte

Tu alma transmigró hacia mi cuerpo
Y la mía transmigró hacia el tuyo.

Mi alma
Tu alma
Nuestros cuerpos
Se han soldado con y por amor
Para pasar a ser un solo ente
En ese estadio estamos y estaremos
Hasta que por alguna razón
Dejemos de ser esa ecléctica cosa.

La causa de esa disolución
Puede ser la misma vida o su ausencia
El motivo no interesa
Ni los efectos tampoco.

Lo que importa es que
Esto tan hermoso
Que estamos viviendo y por vivir
Sea autentico, y tan real
Que no se sobreponga
Ni a la vida, ni a la muerte
Lo que importa es
Que este sentimiento
Tan fuerte y tan profundo
Se inscriba en el ciclo natura
De vida y muerte
De muerte y vida.

*Para que este nuestro amor*
*Sea real, verdadero*
*Y por demás auténtico*
*sin más acá ni más allá.*
*Para que orgullosamente*
*Podamos sustentar ante los dioses*
*Que la Gloria ganada*
*Ha sido por amor y nada más.*

*Miguel Espaillat.*

## El Gato Loco

El gato que llevo dentro
Se ha revolteado
Maúlla, grita, clama, ansía,
El gato está desesperado.

Unos calores lo atraviesan
El gato está fogoso
Este gato en acción es peligroso
Araña la cama, la piel, los sentidos
Las fantasías, las emociones
Y cualquier cosa.

Dicen que él para estar
En ese estado
Ha tomado una posición
Que cataliza pasiones.
De madrugada este gato
Es muy peligroso
Si él a esa hora la llama
Cuídese porque de este gato
Usted puede salir arañada
Mordida, chupada, partida,
Desgreñada, renca y hasta jorobada.
Usted puede fácilmente reconocerlo
Porque en sus ojos de fuego
Y en su piel de deseos

Se reflejan sus eróticas intenciones.
Si usted se encuentra con él
Ámelo o húyale
Es la única solución
Calmarlo o evadirlo
Pero recuerde
Si se va con él
Cuídese de salir arañada, coja,
Renca, exprimida, desgreñada,
Adolorida, deslenguada,
Mordida, chupada, atontada
Todo esto porque además de gato
Sinvergüenza
Este es un gato loco
Muy loco.

Miguel Espaillat

## Montañas De Amor

Ellas no fueron esculpidas por Miguel Ángel
Ni por Leonardo Da Vinci
Ni sus formas cautivantes las diseñó Rembrandt
o Antonio Gaudí
Ni su plasticidad perfecta fue quehacer de Velásquez
o Goya.

Su creación es un propósito divino
Sus funciones humanas.
Ellas son resultado de un deseo
Materno, voluptuoso de Dios.

Ellas son arrullo cálido
Sustento de generaciones
Arras de metal precioso
Embudos trasegantes de alegrías
Episodios generosos de la vida
Oráculos de pubertad
Pulmones de sexualidad
Libros abiertos
De poéticas transacciones
Ellas son pendientes gigantes de amor.

Sobre ellas pregunté su parecer al pintor de lienzos
Ellas son gozo y reto del pincel
Me dijo
Atizantes de inspiraciones
Pinturas bellas, arco iris

Luces y colores
Ellas son esculturas de genialidad.

El jardinero en trance lírico declamó
Señor, ellas son gardenias
Lirios, petunias, gladiolos
Manzanas del huerto del Edén.

Al geólogo también me le acerqué
Ellas son estalactitas de día
Estalagmitas de noche
Son mesetas imperiales
Volcanes de fuego
Cerros de plata
Cumbres maravillosas
Ellas son maquetas
Réplica de astros.

El plebeyo fue otro más
Que en torno al tema expresó conceptos
Fulgurantes de vibrantes tonalidades
Ellas son leche, miel
Reservorio de pienso galáctico
El pudor encabritado
Maracas que danzan mi vida
Ellas son un recurso seguro de amor.

El matemático las elevó al infinito
El músico musitó
Ellas son ritmo y cadencia de versos
Notas de la más hermosa sinfonía.

De un hombre enamorado
Recogí sus sentimientos
En mi madre son escapularios benditos
Capítulos sagrados que confieren a su figura
Esa imponente aureola de dignísima señora
En mí querida abuela
Son huellas del tiempo
Mantras
Amuletos sacrosantos
Que mistifican su envejecido cuerpo.

En mis hijas son piedras preciosas
Jinetes expertos
Que cabalgan con donaire
Sus apretados cuerpos juveniles.
En las prostitutas son gemelas traviesas
Voluptuosas efigies de sensualidad
Pertrechos sutiles de complacencia
Embrujantes hechizos visuales
Colinas santas aunque fueran profanadas
Por infames e hipócritas caricias sin amor.

En mi reina esposa
Son pirámides de fuego
Establecidas como soles
En el más allá de su corte umbilical
Que la exaltan a diva de mis sueños y fantasías varoniles.
Y hasta en mi gata, mi perra, mi yegua
Son convexidades proveedoras de manjares
Fuentes incontrastables de maternidad.

En mis otras mujeres,
Mis hermanas, mis tías,
Mis primas, amigas
Conocidas y por conocer
Son la verdad de la ficción.
Majestuosos macizos de cordilleras
Tajadas de cielo abierto
Desafío audaz
Caprichosas peregrinas
Estandartes mensajeros de amor.

Llegué con mi pregunta hasta mi pequeño hijo
Que por pequeño solo aún balbuceaba
Y así con su gracia de infante angelical
Vocalizó dejando escapar de su boca las palabras
Oye papi, no juegues con esas
Que son mis chupas lindas
Que me regala mi mami.


Por curiosidad me aproximé a un jovencito algo filósofo
Esas son volutas poderosas en el juego del amor y las pasiones
Son rosas con espinas inofensivas a capricho.

Por último arribé al poeta
Que asombrado ante mi espeta
Atragantado de emoción
Eclosionó como instrumento musical
De viento o percusión
Para verter en torno a ellas bellísimas expresiones.
Son increíbles perlas

En el mar embravecido de la vida
Son las palomas del templo
Que aletean soplos primaverales.
Ellas son abstracción del pensamiento
Columnas agoreras de maternidad
Cántaros de luna llena
Leyendas de la historia
Paz en la tormenta, tormenta en la paz
Ellas son cómplices feroces de la procreación
Bálsamo al dolor
Ánforas de vida
Pezones lactantes de felicidad
Ellas son honras a la carne
Relicario de madonas
Masas de ternura implícita
Vocablos sutiles de idiomas alucinantes
Tertulias de silencio veraz
Ellas son gotas gigantes
De sudor materializado del universo
Mi amigo, ellas son ofrendas de amor.

Con la piel crispada paré mis averiguaciones
Satisfecho al darme cuenta
Que mis manos estaban llenas de poesía
De las flores más hermosas
De música, mares, ríos, lagos y arroyos,
De corales
De estrellas
De motivos
De mujer.

Penetrado por esas disquisiciones
Sublimado por la emoción
En el torbellino del momento
Tomé a mi amada
Desnuda entre mis brazos
La observé sereno e intensamente
Con mirada pura y de pasión.

Palpé con delicadeza el contorno de sus formas
Acerqué mi boca a esos goces
Me impregné de su olor
Me interné en su alma espiritual
Para finamente besar con infinita ternura
Esos lindes de vida y venturanzas.

Preso de esa gran maravilla
Reventé en lágrimas y emociones
Y entonces con el pensamiento alborotado
Espontáneamente escribí
Para que conste
Ciertamente
Del universo todo
Estas son las más hermosas
Y excelsas montañas de amor.

Miguel Espaillat

## Tirando Al Pecho

Si alguna vez el amor toca tu puerta
Déjalo entrar para que reine
Aprisiónalo
Dale por cárcel la libertad
De todos los rincones
Y pedestales de tu casa
Préndele luces
Enciéndele velas, antorchas.

Dale de comer de tus manjares
Dale comprensión y afectos
Dale apretones
Besos y caricias

Acurrúcalo en tus entrañas
Amárralo a tus huesos
Machácalo a corazonazos
Rístralo a tu alma
Sujétalo con la soga de tu amor

Que no le falte pan ni abrigo
Que no le falte canto ni agua
Ni ríos
Ni fuego
Ni sonrisas

Ni la pasión que enciende tu contacto
Ni la fruición de hundirse en tu oquedad papilionada.
Embriágalo con los vinos de tus ánforas
Atalo con los nudos de tus vientos.

Y si acaso ese amor
Te tira al pecho
Déjalo que te mate
Para que vivas.

Miguel Espaillat

## De la Vida, Amor y Dolor

Demasiado amor
Demasiado dolor
Es la paradoja de la vida.
Mujer buena
No encuentra buen compañero
Hombre bueno
No encuentra nada peor.
Ya lo sabemos
La vida es dolor, el amar es dolor
Y como el amor es la sustancia de la vida
Quedamos pues, en que vida y amor, son dolor.

Tu alma refleja un gran dolor
En tu rostro se lee
La autobiografía de tu tragedia de amor
Tus palabras sin saberlo
Infieren esos sufrimientos ocasionados
Por desengaños de amor.

Tú, alma, rostro y palabras, traslucen
Heridas y gemidos
Por una pasión de amor
No correspondida.
No sufras más, cura esas heridas
Despójate de ese inmenso dolor
Arroja esa cruz y esos recuerdos
Busca en lo nuevo la vida
Entrégate a otros brazos

A otros besos
A otro amor
Por amor, ¿quién no ha sufrido?
Siente gozo en ello
El dolor es consustancial a la vida
Y la vida es amor
Es decir dolor.

Solo quien lo ha sentido hondo
Puede darse el lujo nerudiano de decir
Confieso que he vivido
Intensamente
Ándate, criatura
Espabílate
Pues solo después de amargas experiencias,
Y solo después de
Estás en condiciones
Para degustar y apreciar
Las ambrosías de la vida

Acepta toda esa vivencia de dolor
Como algo inevitable que irremediablemente
Tuvo que ser para ti
La razón no la sabemos
Y que eso no te quite el sueño.

Recibe con gozo ese pasado
Glorifícate en él
Acéptalo como la prueba de fuego de tu humanidad
O como el boleto de paso para la buscada felicidad.

Y piensa que al igual que la pasión de Cristo
La pasión tuya ya pasó
Ahora te toca la resurrección.
Levántate de tus cenizas
Cual ave destinada al paraíso
Levántate para vivir una nueva vida
Armada con toda esa sabiduría
Que has ganado en esa grandiosa siembra
Y cosecha de amor y dolor.

En nueva entrega
En nuevos brazos
En nuevos besos
Encontrarás nuevos goces
Y trozos de felicidad.

Todo mortal
Ellos, los otros, tú y yo
Todos hemos sufrido por amor
La vida se compone de eso
Dualidad existencial
Amor y dolor
Dolor y amor.
Como otros tantos
Yo también
Estoy por morir por falta de amor
Te propongo salvarnos el uno al otro
Dame tu amor, que a cambio yo te daré el mío
Que es tan inmenso como el tuyo.

Si quieres
Detén mi muerte
Y con ello haz una obra de amor
Si quieres
Revíveme en tu regazo
Con tus besos, con tus abrazos, con tu amor.

Estoy por morir en esta grotesca soledad, es mi vida
Sálvame, dame la vida
Tú puedes, de paso
Sálvate tú también.

Miguel Espaillat

## Lo Que Yo Quiera

Me diste un papel en blanco
Y me dijiste
Para que escribas en él
Lo que quieras.

Pues bien Maitreyi
Yo quiero que
El alma del mundo
Se llene de lo que tú quieras.

Y me imagino ese mundo
Diferente al de hoy
No ya en blanco papel.
Un mundo para esculpir
Con el cincel del amor.
Es todo.

*Miguel Espaillat*

Centro Creativo Experimental INARÚ es un laboratorio de ideas pedagógicas enfocando, y demostrando, la eficacia de integrar el arte al método educativo para promover el aprendizaje.

INARÚ - Educando sin paredes desde el 1980.

www.centroinaru.org
facebook/centro creativo experimental inaru
inaru@gmail.com
434- 981 4418

www.ingramcontent.com/pod-product-compliance
Lightning Source LLC
Chambersburg PA
CBHW021939040426
42448CB00008B/1150